KB065669

완벽한 몰입

삶을 변화시키는 집중의 기술

완벽한 몰입

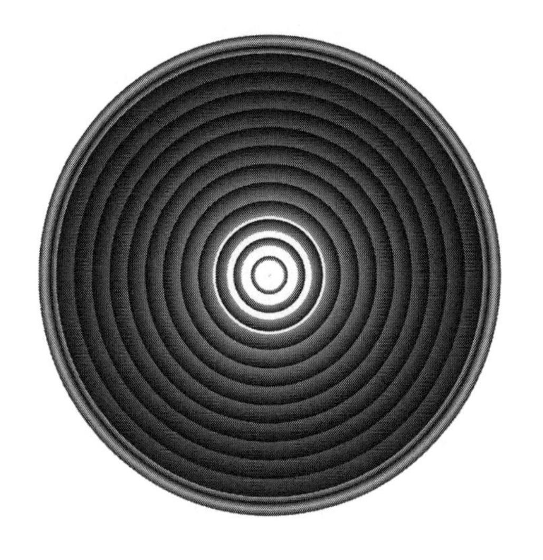

김민식 지음

다온길

들어가며

몰입은 우리가 진정으로 열정을 느끼는 활동에 완전히 몰두하게 되는 매우 특별한 상태입니다. 이런 순간에는 우리가 하는 일에 완전히 집중해 주변 세계로부터의 방해를 잊게 됩니다. 이 책에서는 몰입에 대한 깊은 이해를 바탕으로, 이 상태를 어떻게 통해 개인의 생산성을 최대화할 수 있는지, 창의력을 어떻게 증진할 수 있는지, 그리고 일상에서의 만족도를 어떻게 향상시킬 수 있는지를 자세히 살펴봅니다.

이 책은 몰입을 방해하는 다양한 장애물을 찾아내고, 이러한 장애물을 어떻게 극복할 수 있는지에 대한 실질적인 방법을 제공합니다. 또한, 몰입을 달성하기 위해 필요한 최적의 환경 조성 방법과 실천해야 할 구체적인 단계들을 상세히 설명합니다. 여기에는 효과적인 시간 관리, 작업 공간 최적화, 목표 설정의 중요성 등이 포함됩니다.

더 나아가, 이 책은 몰입이 개인뿐 아니라 사회에도 가져올 수 있는 긍정적인 영향에 대해서도 깊게 다룹니다. 몰입의 경험은 단순히 작업의 효율성을 넘어, 우리의 삶을 더 의미 있고 풍부하게 만들 수 있는 중요한 수단입니다. 개인의 성장과 발전은 물론, 팀워크 강화, 창의적 문제 해결, 그리고 사회적 협력과 발전에 이르기까지 몰입의 긍정적 효과는 매우 다양합니다.

이 책을 통해 여러분은 몰입의 힘을 깊이 이해하고, 자신만의 몰입을 찾아 실천하는 방법을 배우게 됩니다. 몰입은 우리의 삶을 더욱 풍요롭고 의미 있게 만드는 데 필수적인 열쇠입니다. 이 책이 여러분의 몰입 여정을 도와주기를 바라며, 삶의 모든 영역에서 진정한 몰입을 경험할 수 있기를 바랍니다.

김민식

차례

PART 3

몰입 어떻게 이룰 수 있을까

PART 4

몰입의 변화 내 삶을 바꾸다

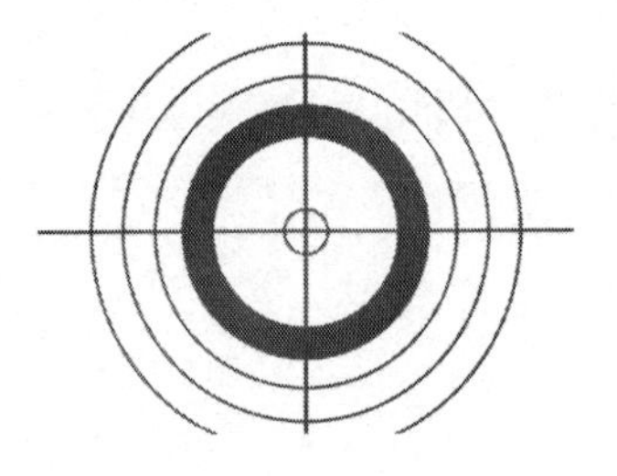

PART 1

몰입 그 첫걸음

몰입의 순간은
우리가 진정으로
살아 있음을 느끼는
순간이다.

01 몰입의 기술 - 사례를 통한 몰입의 정의

몰입이란 사람들이 특정한 활동이나 경험에 완전히 몰두하여 그 활동에 열중하는 상태를 말합니다. 이 상태는 개인의 집중력을 극대화하고, 창의력을 자극하며, 성과를 높이는 데 큰 역할을 합니다. 결국 이는 개인이 자신의 능력을 최대한 발휘할 수 있는 상태라고 볼 수 있습니다.

몇 가지 사례를 통해 몰입에 대해 알아보겠습니다.

음악가의 연주

음악가가 연주할 때, 그는 그 연주에 완전히 몰입합니다. 이때 음악가는 주변에서 일어나는 일에는 거의 신경을 쓰지 않고 오직 자신이 연주하는 음악에만 집중합니다. 이것은 음악가가 음악에 몰입하는 순간, 현실 세계에서 벗어나 음악의 세계로 들어가는 것과 같습니다.

음악가의 두 손은 악보를 따라 움직이지만, 그의 마음과 생각은 음악에 완전히 빠져들어 있습니다. 이런 상태에서 음악가는 시간 가는 줄 모르고 연주에 몰입하게 됩니다. 이것이 바로 '플로우' 상태로, 이 상태에서 음악가는 자신이 연주하는 음악과 하나가 되어 놀라운 연주를 선보입니다. 이때의 연주는 음악가의 창의력과 기술력이 최고점에 달하여, 뛰어난 연주를 들려줄 수 있습니다.

프로그래머의 코딩

프로그래머가 코딩 할 때, 그는 그 작업에 완전히 몰입하게 됩니다. 그의 눈은 컴퓨터 화면 위의 코드를 따라가고, 두뇌는 문제를 해결하는 데 필요한 로직을 고민합니다. 그는 코드 한 줄 한 줄을 작성하면서, 그 코드가 프로그램 전체에서 어떤 역할을 하는지, 어떤 결과를 가져올지를 생각합니다. 커피 한잔을 마시거나 음악을 듣거나 동료와의 대화조차도 그의 집중력을 방해할 수 있습니다. 그는 오직 자신이 작성하는 코드에만 집중하며, 그 코드를 통해 원하는 결과를 얻어내기 위해 노력합니다.

작가의 글쓰기

작가가 글을 쓸 때, 그는 그 작업에 완전히 몰입합니다. 작가의 눈은 종이나 컴퓨터 화면 위의 글자를 따라가고, 두뇌는 이야기를 만들어가는 데 필요한 상상력을 발휘합니다. 그는 단어 하나하나, 문장 하나하나를 신중히 선택하며 그들이 만들어내는 이야기와 감정에 집중합니다. 이때의 작가는 주변에서 일어나는 일에 거의 신경을 쓰지 않습니다. 그는 오직 자신이 쓰는 이야기에만 집중하며, 그 이야기를 통해 독자에게 전하고자 하는 메시지와 감정을 표현하기 위해 노력합니다.

운동선수의 경기

운동선수가 경기할 때, 그는 그 경기에 완전히 몰입합니다. 선수의 눈은 필드 위의 상황을 살피고, 두뇌는 다음에 어떤 움직임을 해야 할지를 계산합니다. 그는 상대방의 움직임을 예측하고, 자신의 팀원들과의 협력을 계획하며, 그 모든 것에 집중합니다. 이때의 선수는 주변에서 일어나는 일에는 거의 신경을 쓰지 않습니다. 그는 오직 경기에만 집중하며, 그 경기를 통해 최고의 성과를 이루어내기 위해 노력합니다.

이러한 몰입 상태는 개인의 성장에 큰 힘이 됩니다. 학습에 집중하면 새로운 지식을 빠르게 습득하게 되고, 창의력이 향상되면 새로운 아이디어를 더 잘 생각해 낼 수 있게 됩니다. 이는 결국 개인의 성공을 이끌어내고, 그 결과 기업의 성과 향상에도 크게 이바지하게 됩니다.

플로우

'플로우'는 심리학자 미하이 칙센트미하이가 제안한 개념으로, 사람이 특정 활동에 완전히 몰입해 있는 상태를 가리킵니다. 이 상태에서 사람은 주변 환경이나 시간에 대한 인식을 잃어버리며 오직 그 활동에만 집중하게 됩니다. 플로우는 즉 우리가 '몰입'이라고 부르는 그 상태를 심리학적으로 정의한 것입니다.

플로우 상태에서 사람은 높은 집중력과 창의력을 발휘합니다. 그 활동에 완전히 빠져들어 생각이나 행동이 자연스럽게 흘러가는 것을 말합니다. 이는 마치 시간이 멈춘 것처럼 느껴질 정도로 그 활동에 집중하는 상태를 의미합니다.

또한 플로우 상태에서는 사람이 많은 성취감을 느끼게 됩니다. 자기 능력을 최대한 발휘할 수 있으며, 그 결과로 높은 만족감과 행복감을 느낍니다. 이러한 이유로 플로우는 개인의 성장과 발전, 그리고 행복에 큰 영향을 미친다고 볼 수 있습니다.

플로우는 일상생활에서뿐만 아니라 다양한 활동 예를 들어 공부, 취미, 업무, 스포츠 등에서 경험할 수 있습니다. 사람이 자기 능력을 최대한 발휘하고 동시에 그 활동에 즐거움을 느낄 때 플로우 상태에 도달한다는 점에서 플로우는 우리의 삶에서 매우 중요한 역할을 합니다.

하지만 플로우 상태를 유지하기는 쉽지 않습니다. 개인의 능력과 활동의 난이도가 적절하게 맞아떨어져야 합니다. 너무 쉬운 활동은 지루함을 느끼고 너무 어려운 활동은 불안감을 초래하므로 두 가지가 적절하게 균형을 이룰 때 플로우 상태를 경험할 수 있습니다.

이러한 이유로 플로우를 경험하려면 자기 능력을 정확히 파악하고 그에 맞는 도전을 선택해야 합니다. 그리고 그 도전에 집중하며, 자기 능력을 최대한 발휘해야만 합니다.

'플로우'는 우리의 삶에서 매우 중요한 개념입니다. 플로우 상태에서 우리는 자기 능력을 최대한 발휘하며 높은 만족감과 행복감을 느낄 수 있습니다.

집중력

집중력이란 어떠한 작업을 수행하실 때 그 작업에 얼마나 효과적으로 몰입하고 집중하실 수 있는지를 측정하는 능력을 의미합니다. 집중력이 높다는 것은 주어진 작업을 더욱 빠르게, 효율적이고 정확하게 수행하실 수 있다는 것을 의미합니다. 반면에 집중력이 부족하시다면 작업의 효율성과 정확성은 크게 저하될 수 있습니다. 따라서 성과를 높이는 데 있어 집중력을 향상하는 것은 매우 중요한 요소가 됩니다.

집중력을 향상하는 방법은 여러 가지가 있습니다.

첫 번째로, 환경 조절입니다. 작업을 수행하시는 환경은 매우 중요한 요소입니다. 시끄러운 소리, 다른 사람의 대화, 스마트폰의 알림 등은 집중력을 크게 방해할 수 있습니다. 따라서 조용하고 집중하기 좋은 환경을 만드는 것이 중요합니다.

두 번째로, 정신 수련입니다. 명상이나 요가와 같은 정신 수련은 집중력을 향상하는 데 큰 도움이 될 수 있습니다. 이런 활동들은 마음을 진정시키고 집중력을 높이는 데 필요한 휴식을 제공합니다.

세 번째로, 충분한 휴식이 필요합니다. 뇌는 지속해서 작업을 수행하면 피로해지므로 적절한 휴식을 통해 뇌를 회복시키는 것이 필요합니다.

네 번째로, 꾸준한 운동이 필요합니다. 운동을 통해 뇌는 산소를 더 효율적으로 이용할 수 있게 되고 이는 뇌의 성능을 향상하는 데 도움이 됩니다.

마지막으로, 영양 섭취가 중요합니다. 영양분이 충분하지 않으면 뇌는 제대로 작동하지 않습니다. 따라서 건강한 식사를 통해 필요한 영양분을 섭취하는 것이 중요합니다.

집중력은 특정한 작업을 수행하시는 데 있어서 매우 중요한 능력입니다. 위의 방법들을 통해 집중력을 향상하는 것이 중요합니다.

02 왜 몰입이 중요한가? - 실생활에서의 몰입 사례

몰입은 우리가 어떤 활동에 전적으로 집중하며 그 과정에서 외부의 방해를 잊고 시간의 흐름을 인지하지 못할 정도로 깊이 몰두하는 상태를 말합니다. 이 상태에서는 개인의 성과, 학습 능력, 창의력이 극대화됩니다. 몰입은 실제로 많은 분야에서 중요한 역할을 하며 일상생활에서도 다양한 형태로 경험할 수 있습니다.

몰입의 중요성

1. 성과 향상

몰입 상태에서는 외부의 방해가 최소화되고 주의력이 한 곳에 집중되기 때문에 작업의 효율성이 많이 증가합니다. 이에 따라 할당된 작업을 더 빠르고 정확하게 완수할 수 있습니다. '시간 잊음

현상'이 발생하여 시간이 어떻게 흐르는지 모르는 사이에 많은 양의 작업을 처리할 수 있습니다. 이는 시간을 효율적으로 사용하고 결과적으로 성과를 극대화하는 데 도움이 됩니다.

몰입하는 과정에서는 창의적인 사고가 자극되어 기존에 해결하지 못했던 문제들을 새로운 시각에서 바라보고 해결할 수 있는 능력이 향상됩니다. 이는 업무나 학습에서 맞닥뜨리는 다양한 문제들을 더욱 효과적으로 해결하는 데 기여합니다.

성공적으로 몰입 경험을 하고 업무나 학습 목표를 달성하게 되면 개인은 큰 성취감을 느끼게 됩니다. 이러한 성취감은 자신감을 증진하고, 앞으로의 활동에 대한 동기 부여가 됩니다. 동기가 부여되면 계속해서 높은 성과를 유지하려는 자세가 자연스레 생겨납니다.

몰입하는 동안은 업무나 학습에 대한 부담감이나 스트레스가 감소합니다. 이는 정신적, 신체적 건강을 유지하면서 성과를 향상하는 데 중요한 역할을 합니다.

성과 향상은 단순히 더 많은 일을 빠르게 처리하는 것을 넘어서 더 높은 질의 결과물을 창출하는 것을 포함합니다. 몰입은 이러한 과정을 자연스럽게 끌어내며 개인의 성장과 발전을 촉진하는 핵심 요소가 됩니다.

2. 학습 효율 증가

몰입 상태가 학습 효율을 증가시키는 데 미치는 영향은 실로 엄청납니다. 학습 활동에 깊이 몰입하게 되면, 정보를 수용하고 처리하는 능력이 향상되며 기억력이 강화되어 학습 성과를 최대화할 기회를 제공합니다. 이러한 현상은 여러 가지 측면에서 구체적으로 나타납니다.

학습 과정에서 몰입의 경험은 학습자가 주변의 다양한 방해 요소들로부터 쉽게 흔들리지 않고 학습 내용에 깊이 집중할 수 있게 합니다. 이처럼 높아진 집중력은 학습 자료를 더욱 깊이 이해하는 데 도움을 주며 복잡한 개념이나 문제를 해결하는 데 필요한 시간을 상당히 단축하는 효과가 있습니다. 집중력이 높아지면 학습자는 학습 자료에 대해 더욱 명확하고 구체적인 이해를 할 수 있으며 이는 학습 효율성을 대폭 향상합니다.

몰입 상태에서 학습할 때 학습자는 정보를 더욱 효과적으로 기억하고, 이를 장기 기억으로 전환할 수 있는 능력이 높아집니다. 이는 학습한 내용을 오랫동안 기억하는 데 큰 도움이 됩니다. 특히 시험 준비나 학습된 내용을 실제 상황에 적용할 때 향상된 기억력은 큰 이점을 제공합니다. 몰입을 통해 학습된 정보는 더 오래 지속되며 필요할 때 쉽게 떠올릴 수 있게 됩니다.

몰입 상태에서의 학습은 단순히 지식을 암기하는 것을 넘어서 그 원리나 개념을 깊이 있게 이해하고 서로 다른 지식 간의 연결고리를 찾아내는 능력을 향상합니다. 이는 학습 내용을 더욱 효과적으로 소화하고 창의적인 사고를 촉진하는 데 크게 기여합니다. 몰입을 통한 깊은 이해는 학습자가 복잡한 문제를 해결하거나 새로운 아이디어를 창출하는 데 있어서 중요한 역할을 합니다.

몰입 경험은 학습자에게 학습 과정에 대한 긍정적인 감정을 유발하고 성취감을 제공합니다. 이러한 긍정적인 경험은 학습에 대한 동기를 많이 증가시키며, 학습 활동을 장기적으로 지속하게 하는 원동력이 됩니다. 높은 학습 동기는 학습자가 어려움에 직면했을 때도 학습을 계속할 수 있는 힘을 제공합니다.

학습 중 몰입을 경험하면 학습 과정 자체가 스트레스를 받는 일이 아니라 즐거운 활동으로 여겨질 수 있습니다. 스트레스가 감소하면 학습에 대한 부담감이 줄어들고, 이는 효율적인 학습 환경을 조성하는 데 도움이 됩니다.

학습 효율을 증가시키기 위해 몰입을 경험하는 것은 학습자 스스로가 학습 환경을 조성하고 학습 방법을 개선하는 등의 노력이 필요합니다. 예를 들어 학습에 방해가 되는 요소를 최소화하고, 학습에 가장 적합한 시간을 찾아내는 것 등이 포함될 수 있습니다. 이러한 노력을 통해 몰입 상태를 더욱 자주 경험하고 학습 효율을 극대화할 수 있습니다.

3. 창의력 증진

몰입을 통해 얻을 수 있는 여러 이점 중 하나로 깊은 이해와 높은 집중력을 바탕으로 새로운 관점을 발견하고 기존의 지식을 새롭고 창의적인 방식으로 결합하여 새로운 해결책이나 아이디어를 창출하는 능력을 의미합니다.

창의력은 학습자가 복잡한 문제를 해결하고 새로운 상황에 효과적으로 대응할 수 있게 해줍니다. 특히 빠르게 변화하는 현대 사회에서는 기존의 지식만으로는 해결할 수 없는 새로운 문제들이 지속해서 발생하기 때문에 창의적인 사고가 더욱 중요해지고 있습니다.

몰입을 통한 학습은 학습자가 학습 내용을 깊이 이해하게 하며 이는 창의적인 사고의 기반을 마련합니다. 깊이 있는 이해는 학습자가 기존의 지식을 새로운 상황에 적용하거나 다른 지식과 결합하여 새로운 아이디어를 창출하는 데 필수적입니다.

몰입 상태에서 학습하는 동안 학습자는 다양한 개념과 지식 사이의 연결고리를 찾아내는 능력이 향상됩니다. 이렇게 서로 다른 지식을 연결 짓는 과정에서 창의적인 아이디어가 발생할 수 있습니다.

몰입을 통한 집중은 학습자가 문제를 다양한 각도에서 바라보고 기존의 사고 패턴을 벗어나 새로운 관점을 탐색할 기회를 제공합니다. 이는 창의적인 해결책을 찾는 데 중요한 역할을 합니다.

창의력을 발휘하기 위해서는 새로운 아이디어와 접근 방식을 실험하고 탐색할 용기가 필요합니다. 몰입 경험은 학습자가 자신감을 가지고 새로운 시도를 할 수 있는 환경을 조성합니다.

4. 스트레스 감소

스트레스는 학습자의 집중력과 학습 효율을 저하할 수 있으며 장기적으로는 학습에 대한 부정적인 태도나 건강 문제를 일으킬 수 있습니다. 따라서 학습 과정에서 스트레스를 효과적으로 관리하는 것은 학습의 질을 높이고, 학습자의 전반적인 웰빙에 기여합니다.

몰입을 통한 스트레스 감소의 메커니즘

- 현재 순간에 집중 : 몰입 경험은 학습자가 현재 순간에 완전히 집중하게 만듭니다. 이는 과거의 실패나 미래의 불확실성에 대한 걱정에서 벗어나게 해주며, 이에 따라 스트레스가 감소합니다.
- 자기 효능감 증가 : 몰입 상태에서 학습할 때, 학습자는 자신의 학습 능력에 대한 신뢰가 증가하며, 이는 자기 효능감을 높입니다. 자기 효능감이 높은 학습자는 스트레스 상황에 더 잘 대처할 수 있으며, 학습에 대한 긍정적인 태도를 유지할 수 있습니다.
- 성취감과 만족감 : 몰입 경험은 학습 과정에서의 성취감과 만족감을 증가시킵니다. 이러한 긍정적인 감정은 스트레스를 감소시키는 데 기여하며, 학습 동기를 촉진합니다.
- 긴장의 이완 : 몰입 상태에서는 몸과 마음이 이완되며, 이는 스트레스를 유발하는 신체적, 심리적 긴장을 해소합니다. 이완 상태는 학습에 대한 접근 방식을 개선하고, 학습 과정을 더욱 효율적으로 만듭니다.

몰입을 통한 학습은 스트레스 감소에 중요한 역할을 합니다. 현재 순간에 집중하고, 자기 효능감을 증가시키며, 성취감과 만족감을 느끼고, 긴장을 이완시키는 것은 학습자가 학습 과정에서 스트레스를 줄이고 더욱 건강하고 긍정적인 학습 경험을 할 수 있게 합니다. 따라서 학습 환경과 방법을 최적화하여 몰입을 촉진하는 것은 스트레스 관리와 학습 효율 증진에 매우 중요합니다.

실생활에서의 몰입 사례

독서

독서는 실생활에서 몰입을 경험하기 좋은 활동 중 하나입니다. 독서를 통한 몰입 경험은 독자가 책의 내용에 완전히 빠져들어 주변 환경이나 시간의 흐름을 잊게 되는 현상을 말합니다. 이러한 몰입은 독서를 더욱 풍부하고 깊이 있는 경험으로 만들어 줍니다. 독서를 통해 몰입을 경험하는 과정과 그 효과에 대해 자세히 살펴보겠습니다.

독서와 몰입의 과정

1. 선택과 집중

몰입을 위한 독서는 독자가 관심이 있는 주제나 장르의 책을 선택하는 것에서 시작됩니다. 관심 있는 내용은 자연스럽게 독자의 집중력을 높여주며 이는 몰입으로 이어질 수 있는 첫걸음입니다.

2. 독서 환경 조성

몰입을 촉진하기 위해서는 독서에 적합한 환경을 조성하는 것이 중요합니다. 조용하고 편안한 공간, 적절한 조명, 편안한 자세 등은 독서에 집중할 수 있는 조건을 만들어 줍니다.

3. 시간 잊기

책에 몰입하게 되면 독자는 시간이 어떻게 흘러가는지 모르게 됩니다. 이러한 시간 잊기는 몰입의 중요한 증거이며 독서가 가져다주는 큰 즐거움 중 하나입니다.

4. 감정 이입

몰입 상태에서 독자는 책 속 인물의 감정에 깊이 이입하게 됩니다. 이는 독서 경험을 더욱 풍부하게 만들며 독자의 공감 능력과 이해력을 향상할 수 있습니다.

독서를 통한 몰입의 효과

1. 지식의 확장

몰입을 통한 독서는 독자가 책의 내용을 깊이 이해하고, 새로운 지식을 효율적으로 습득할 수 있게 해줍니다.

2. 창의력 증진

독서 중 몰입은 독자가 책 속 아이디어를 자기 생각과 결합하게 만들어 창의력을 자극하고 증진할 수 있습니다.

3. 스트레스 감소

독서는 일상의 스트레스로부터 잠시 벗어나 휴식을 취할 수 있는 수단이 됩니다. 책에 몰입하는 동안 독자의 마음은 이완되고, 정신적 스트레스가 감소합니다.

4. 공감 능력 향상

몰입 독서를 통해 다양한 인물과 상황에 대한 이해가 깊어지면서 독자의 공감 능력과 사회적 이해도가 향상될 수 있습니다.

독서를 통한 몰입 경험은 개인의 정신적, 감정적 성장에 기여하며 일상생활에서의 스트레스를 줄이는 데도 도움이 됩니다. 독서는 단순한 행위가 아니라 개인의 내면세계를 풍부하게 하고 창의력 및 공감 능력을 증진하는 귀중한 과정입니다. 이와 같이 독서를 통해 몰입을 경험하는 것은 우리가 새로운 관점을 탐색하고 다양한 삶의 경험을 간접적으로 체험할 수 있게 해줍니다. 이러한 과정에서 우리는 자신만의 사고를 확장하고 더 넓은 세상을 이해하는 데 필요한 도구를 얻게 됩니다.

운동

운동은 몰입을 경험하기에 매우 적합한 실생활 활동 중 하나입니다. 운동 중 몰입은 운동하는 동안 외부 세계의 방해를 받지 않고 활동에 완전히 집중하며, 시간의 흐름을 잊어버리는 상태를 의미합니다. 이러한 몰입은 운동의 효과를 극대화하고 정신적, 육체적 건강을 증진하는 데 중요한 역할을 합니다. 운동을 통한 몰입 경험과 그 효과에 대해 자세히 살펴보겠습니다.

운동과 몰입의 과정

1. 목표 설정

몰입을 위한 운동은 분명한 목표를 가지고 시작됩니다. 이는 단순히 체중 감량이나 근육 증가와 같은 구체적인 목표일 수도 있고 스트레스 해소나 기분 전환과 같은 정신적 목표일 수도 있습니다.

2. 적절한 난이도

운동의 난이도가 너무 쉽거나 너무 어렵지 않고, 개인의 능력과 잘 맞아떨어질 때 몰입이 일어나기 쉽습니다. 이는 개인이 도전과 성취의 균형을 느끼게 하며, 활동에 더 몰입하도록 합니다.

3. 즉각적인 피드백

운동 중에는 자신의 몸에서 오는 즉각적인 피드백(예 : 근육의 긴장감, 호흡의 변화 등)이 있습니다. 이러한 피드백은 운동에 더 집중하게 하며 몰입 상태로 들어가는 데 도움을 줍니다.

4. 자기의식의 소멸

몰입 상태에서는 자기 자신에 대한 의식이 사라지고 완전히 활동에 몰두하게 됩니다. 이는 운동을 하는 동안 자신의 한계를 넘어서는 경험을 가능하게 합니다.

운동을 통한 몰입의 효과

1. 향상된 운동 성능

몰입 상태에서는 운동 성능이 자연스럽게 향상됩니다. 집중력이 높아지고 운동에 대한 인식이 개선되어 더 효율적이고 효과적인 운동이 가능해집니다.

2. 정신적 건강 개선

운동 중 몰입은 스트레스를 감소시키고, 우울감을 줄이며 전반적인 정신 건강을 개선하는 데 도움이 됩니다. 운동이 끝난 후에는 만족감과 성취감을 느끼게 되어 기분이 좋아집니다.

3. 자기 효능감 증가

정기적으로 운동에 몰입하는 경험은 자기 효능감을 증가시킵니다. 개인은 자신의 몸을 더 잘 제어할 수 있고 목표를 달성할 수 있다는 자신감을 얻게 됩니다.

4. 건강한 생활 습관 형성

운동에 몰입하는 경험은 건강한 생활 습관을 형성하는 데 기여합니다. 몰입을 통해 운동의 즐거움을 경험하게 되면 정기적으로 운동을 하는 습관이 자연스럽게 생겨납니다. 이러한 습관은 장기적으로 건강을 유지하고 삶의 질을 향상하는 데 중요한 역할을 합니다.

운동을 통한 몰입 경험은 육체적, 정신적 건강 모두에 긍정적인 영향을 끼치며 일상생활의 스트레스를 관리하고 삶의 만족도를 높이는 데 중요한 역할을 합니다. 몰입은 또한 운동을 지속해서 수행할 동기를 부여하고 개인의 한계를 넓혀주며 자아 성장을 촉진합니다.

따라서 운동에 몰입하는 경험을 더 자주 갖기 위해, 자신에게 맞는 운동 종류를 찾고, 적절한 목표를 설정하며, 운동을 수행하는 동안 자신의 진행 상황을 주의 깊게 관찰하는 것이 중요합니다. 이러한 노력을 통해 운동의 즐거움을 발견하고 몰입의 경험을 통해 더 건강하고 만족스러운 삶을 살아갈 수 있습니다.

몰입은 우리의 일상생활과 밀접하게 연관되어 있으며, 이를 통해 개인의 성장과 발전을 도모할 수 있습니다. 몰입을 경험하는 것은 단순히 성과를 내는 것을 넘어, 우리 삶의 질을 향상시키는 중요한 요소 중 하나입니다.

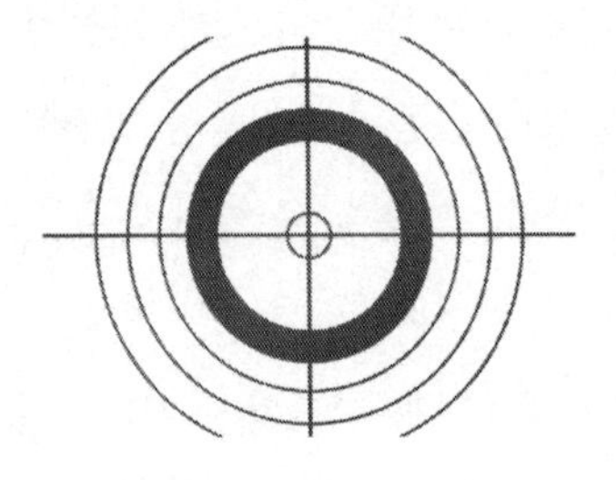

PART 2

몰입을 방해하는 장벽들

주의를 분산시키는 것들을
제거함으로써,
우리는 우리의 힘을 집중시킬 수 있다.

03 집중을 흐리는 요인들 - 일상에서 마주하는 장애물들

일상에서 우리의 집중력을 방해하는 주된 요인에는 외부 소음, 디지털 기기의 유혹, 내부적 스트레스, 충분하지 않은 수면, 그리고 여러 작업을 동시에 하려는 시도가 있습니다. 이러한 장애물들은 우리가 몰입하는 데 큰 걸림돌이 됩니다. 조용한 환경을 만들고, 디지털 디톡스를 실천하며, 충분한 휴식을 취하고, 한 번에 하나의 작업에 집중하는 것이 중요합니다. 이를 통해 우리는 집중력을 높이고 일상에서 몰입 상태를 더 쉽게 달성할 수 있습니다.

집중력 저하의 주범들

외부 소음과 방해는 집중력을 흐트러뜨리는 주요 요인 중 하나입니다. 우리가 몰입하고자 할 때, 주변 환경의 소음이나 동료들의 대화, 전화벨 소리 같은 소리는 우리의 주의력을 분산시키고 작업의 흐름을 방해합니다. 이러한 방해 요소들은 우리의 뇌가 한 가지 작업에 집중하는 것을 어렵게 만들어, 생산성과 창의력을 저하하는 결과를 가져올 수 있습니다.

외부 소음과 방해를 줄이기 위한 해결 방안은 다양한 접근법을 포함합니다.

첫 번째로, 조용한 작업 공간을 마련하는 것이 중요합니다. 집에서 일할 경우, 가족이나 동거인들에게 특정 시간 동안 방해하지 않도록 요청할 수 있으며, 가능하다면 문을 닫아 더욱 조용한 환경을 조성할 수 있습니다. 공공장소에서 일할 때 자연스럽게 조용한 분위기가 유지되는 도서관이나 카페를 선택하는 것이 좋습니다.

두 번째로, 잡음 제거 헤드폰의 사용은 외부 소음을 효과적으로 차단하는 방법입니다. 다양한 브랜드와 모델이 시장에 있으므로, 개인의 선호와 예산에 맞는 제품을 선택해야 합니다. 이 헤드폰을 착용하면 주변 소음을 거의 느끼지 못하게 되며, 필요에 따라 집중을 돕는 음악이나 백색 소음을 재생할 수도 있습니다.

세 번째로, 백색 소음을 생성하는 앱이나 기기를 사용하는 것도 한 방법입니다. 이러한 기기들은 일정한 소리를 내어 외부 소음을 상쇄시키며, 집중하기 좋은 환경을 조성해 줍니다. 또한, 집중력 향상을 돕는 앱들을 통해 작업할 때 사용할 수 있는 다양한 소리나 음악을 찾을 수 있습니다.

마지막으로, 작업 공간의 환경을 최적화하는 것도 중요합니다. 적절한 조명은 시각적 편안함을 제공하며 집중력을 높이는 데 도움이 됩니다. 너무 어둡거나 밝은 조명은 눈의 피로를 유발할 수 있습니다. 또한, 깔끔하고 정돈된 작업 공간은 정신적 집중력을 향상하는 데 이바지할 수 있습니다.

이러한 해결 방안들을 통해, 외부 소음과 방해를 최소화하고 집중력을 높일 수 있는 조건을 만들어 나갈 수 있습니다. 각자의 상황에 맞게 이러한 방법들을 조합하고 적용하여, 보다 효율적으로 작업할 수 있는 환경을 조성하시기를 바랍니다.

소셜 미디어와 스마트폰의 영향

디지털 기기의 발전은 우리 삶을 더욱 편리하고 연결된 상태로 만들었지만, 동시에 끊임없이 알림, 소셜 미디어, 이메일과 같은 요소들로 인해 우리의 집중력을 심각하게 방해하는 원인이 되기도 합니다. 스마트폰, 태블릿, 컴퓨터와 같은 기기들은 끊임없이 우리의 주의를 요구하며, 이는 작업에 몰입하려는 노력을 방해하고 생산성을 저하할 수 있습니다.

이러한 문제에 대처하기 위해, 많은 사람은 '디지털 디톡스'라는 방법을 선택하고 있습니다. 디지털 디톡스는 특정 시간 동안 디지털 기기 사용을 의도적으로 제한하거나 배제함으로써, 디지털 기기의 지속적인 유혹에서 벗어나려는 시도입니다. 예를 들어, 작업 시간 동안에는 스마트폰을 다른 방에 두거나, 특정 시간 동안 이메일이나 소셜 미디어 알림을 끄는 것입니다. 이는 우리가 주요 작업에 더 집중할 수 있도록 도와줍니다.

또 다른 방법은 앱 사용 시간을 제한하는 것입니다. 현재 대부분의 스마트폰과 태블릿은 사용자가 특정 앱의 사용 시간을 설정하거나, 일정 시간 동안 알림을 받지 않도록 설정할 수 있는 기능을 제공합니다. 이를 통해 사용자는 소셜 미디어나 게임과 같은 시간 소모적인 활동에 너무 많은 시간을 할애하는 것을 방지할 수 있습니다.

이러한 접근 방법들은 디지털 기기의 지속적인 유혹으로부터 우리를 보호하고, 집중력을 향상하며, 결국에는 우리의 일상생활과 작업 효율성을 높이는 데 도움이 됩니다. 디지털 디톡스와 앱 사용 시간제한은 우리가 디지털 기기와의 건강한 관계를 유지하고, 디지털 환경 속에서도 우리의 주의력과 생산성을 최대화하는 데 중요한 역할을 합니다.

1. 내부적 요인

우리의 집중력에 영향을 미치는 요소 중에서, 우리가 종종 간과

하는 것이 바로 내부적인 요인들입니다. 스트레스, 수면 부족, 건강 문제와 같은 요인들은 뇌의 작동 방식에 직접적인 영향을 미치며, 이는 우리의 생산성과 집중력을 크게 저하할 수 있습니다. 이러한 내부적인 문제들을 해결하는 것은 우리의 정신적, 신체적 건강뿐만 아니라, 일상생활과 업무 효율성을 향상하는 데 매우 중요합니다.

스트레스는 우리 몸과 마음에 부담을 주며, 장기적으로는 우리의 인지 기능과 집중력에 부정적인 영향을 미칠 수 있습니다. 따라서, 스트레스를 효과적으로 관리하는 방법을 찾는 것이 중요합니다. 이는 운동, 취미 활동, 사회적 교류, 혹은 전문적인 상담을 통해 이루어질 수 있습니다. 이러한 활동들은 스트레스 수준을 낮추고, 마음의 안정을 찾는 데 도움을 줄 수 있습니다.

수면 부족 또한 집중력에 매우 큰 영향을 미칩니다. 충분한 수면은 뇌의 회복과 재충전을 돕고, 다음 날의 인지 기능과 집중력을 향상합니다. 따라서 규칙적인 수면 일정을 유지하고, 충분히 자는 것이 매우 중요합니다. 또한, 수면의 질을 높이기 위해 카페인 섭취를 줄이고, 잠자기 전 화면 시간을 제한하는 등의 조치를 할 수 있습니다.

건강 문제 역시 우리의 정신적, 신체적 기능에 영향을 미치며, 이는 집중력과 생산성에 부정적인 영향을 줄 수 있습니다. 따라서 건강한 식습관을 유지하고, 규칙적으로 운동하며, 필요한 경우 의료 전문가의 도움을 받는 것이 중요합니다.

마지막으로 마음 챙김 명상은 내부적인 평화를 유지하고, 스트레스를 관리하는 데 매우 효과적인 방법입니다. 명상은 우리가 현재 순간에 집중하도록 돕고, 마음의 소음을 줄여주며, 우리의 정신적 명료함과 집중력을 향상할 수 있습니다.

이렇게 스트레스 관리, 충분한 수면, 건강 유지, 마음 챙김 명상과 같은 방법을 통해 내부적인 요인들을 관리하는 것은 우리의 집중력과 생산성을 크게 향상할 수 있습니다. 이러한 방법들은 우리가 더 건강하고, 행복하며, 효율적인 삶을 영위하는 데 도움이 됩니다.

2. 다중 작업의 함정

다중 작업, 즉 여러 가지 일을 동시에 수행하려고 하는 행위는 현대 사회에서 매우 흔한 현상입니다. 많은 사람이 이러한 방식으로 시간을 더 효율적으로 사용할 수 있다고 믿지만, 실제로는 그 반대의 결과를 초래할 수 있습니다. 다중 작업은 우리의 생산성을 떨어뜨리고 집중력을 방해하는 주요 원인 중 하나로, 이는 여러 연구를 통해서도 입증되었습니다.

첫째, 다중 작업은 실제로 뇌의 자원을 분산시키며, 이는 각각의 작업에 충분한 주의를 기울이지 못하게 만듭니다. 우리의 뇌는 한 번에 하나의 복잡한 작업에만 집중할 수 있으며, 여러 작업을 동시에 시도할 때, 뇌는 빠르게 한 작업에서 다른 작업으로 주의를 전환합니다. 이러한 빠른 전환은 마치 우리가 여러 작업을 동시에 처리하는 것처럼 느껴질 수 있으나, 사실은 작업의 효율성을 크게 저하하는 요인입니다.

둘째, 다중 작업은 작업의 품질을 저하합니다. 각 작업에 충분한 집중을 기울이지 못함으로써, 실수가 발생할 확률이 높아지고, 결과적으로 작업의 완성도가 떨어질 수 있습니다.

셋째, 다중 작업은 스트레스 수준을 증가시킬 수 있습니다. 여러 작업을 동시에 처리하려는 시도는 뇌에 부담을 주며, 이는 스트레스와 긴장감을 유발할 수 있습니다. 장기적으로는 이러한 스트레스가 우리의 정신 건강에 부정적인 영향을 미칠 수 있습니다.

이러한 함정을 피하고자 하나의 작업에 집중하는 것이 중요하며, 이를 위해 타임 블로킹 기법을 활용할 수 있습니다. 타임 블로킹은 하루 동안의 시간을 특정 작업이나 활동에 할당하는 기법으로, 이를 통해 각 작업에 충분한 시간과 주의를 기울일 수 있습니다. 타임 블로킹을 사용함으로써, 우리는 하나의 작업에 집중하고, 해당 작업을 완료한 후 다음 작업으로 넘어갈 수 있습니다. 이 방법은 생산성을 높이고, 작업의 품질을 향상하며, 스트레스를 줄이는 데 도움이 됩니다.

결론적으로 다중 작업의 함정을 인식하고, 타임 블로킹과 같은 전략을 통해 하나의 작업에 집중하는 것이 생산성을 높이고 집중력을 유지하는 데 매우 효과적인 방법입니다.

이러한 요인들을 인식하고 적절히 관리함으로써, 우리는 몰입 상태를 더 쉽게 달성하고 유지할 수 있습니다. 각각의 해결 방안을 적용해 보며, 어떤 전략이 자신에게 가장 잘 맞는지 찾아보시기를 바랍니다.

04 나만의 장벽 찾기 - 개인별 몰입 장애물 사례

모두에게는 집중력을 방해하는 나만의 장벽이 있습니다. 이를 찾아내기 위해, 우선 자신이 몰입하는 데 어려움을 겪는 순간들을 관찰하세요. 이 장애물은 외부 소음, 스마트폰 같은 디지털 기기의 유혹, 또는 내부적으로 느끼는 스트레스일 수 있습니다. 자신만의 장벽을 파악한 후, 이를 극복하기 위한 방법을 찾아 적용해 보세요. 예를 들어 조용한 공간을 찾거나, 정해진 시간 동안만 디지털 기기를 사용하는 것 같은 전략이 있습니다.

내면의 장애물 이해하기

몰입은 우리가 어떤 활동에 완전히 집중하여 그 순간에 온전히 존재하게 되는 경험을 말합니다. 이런 상태에 이르렀을 때, 우리는 시간의 흐름을 잊고, 활동 자체에서 큰 만족과 기쁨을 느끼게 됩니다. 그러나 몰입을 경험하는 과정에서 여러 내면적 장애물에 부딪히곤 합니다. 이러한 장애물은 우리가 완전히 활동에 몰입하는 것을 방해하며, 이를 극복하는 것은 몰입을 극대화하고 우리 자신의 가능성을 최대한 발휘하는 데 필수적입니다.

첫 번째 장애물은 자기 의심입니다. 자기 능력을 의심하거나 자신이 하는 일에 대한 자신감이 부족할 때, 우리는 활동에 제대로 몰입할 수 없습니다. 이러한 의심은 우리의 에너지를 소모하고 집중력을 약화합니다.

두 번째는 완벽주의입니다. 완벽을 추구하는 것은 때로는 긍정적인 동기 부여가 될 수 있지만, 완벽을 지나치게 추구하려는 태도는 오히려 우리를 마비시키고 활동에 몰입하는 것을 방해할 수 있습니다. 완벽함을 추구하다 보면 실패에 대한 두려움이 커지고, 이는 몰입을 방해하는 주요 요인이 됩니다.

세 번째 장애물은 분산된 주의력입니다. 스마트폰, 소셜 미디어, 이메일 등 현대 사회는 우리의 주의를 산만하게 만드는 요소들로 가득 차 있습니다. 이러한 요소들은 몰입을 방해하고, 우리가 활동에 집중하는 것을 어렵게 만듭니다.

마지막으로, 내부적 스트레스와 감정적 문제들도 몰입을 방해할 수 있습니다. 스트레스, 불안, 우울 등의 감정적 문제는 우리의 정신적 에너지를 소모하고, 활동에 집중하게 하는 것을 어렵게 만듭니다.

이러한 내면의 장애물을 인식하고 이해하는 것은 몰입을 극대화하는 데 중요한 첫걸음입니다. 자신에 대한 깊은 이해와 함께, 이러한 장애물을 극복하기 위한 전략을 개발하고 적용함으로써, 우리는 몰입의 경험을 더욱 풍부하게 만들고, 우리 자신의 가능성을 최대한 발휘할 수 있습니다.

개인별 맞춤 해결책

몰입을 경험하기 위한 개인별 맞춤 해결책은 각자의 내면적 장애물을 이해하고 이에 맞는 전략을 적용하는 과정을 포함합니다. 몰입을 방해하는 주된 요소인 자기 의심, 완벽주의, 분산된 주의력, 그리고 내부적 스트레스와 감정을 극복하려는 방법을 아래와 같이 제시할 수 있습니다.

먼저, 자기 의심은 개인의 몰입을 크게 방해하는 요소입니다. 이를 극복하기 위해서는 자신에 대한 긍정적인 자기 대화를 실천하고, 자신의 성취를 인정하는 것이 중요합니다. 이는 자신감을 높이고, 자기 의심의 목소리를 줄이는 데 도움이 됩니다. 또한, 작은 목표를 설정하고 이를 달성함으로써 자신감을 점진적으로 쌓아가는 것이 유익합니다.

완벽주의를 넘어서기 위해서는 완벽함보다는 과정에 집중하는 마인드셋을 가지는 것이 필요합니다. 완벽함을 추구하기보다는, 자신이 노력하는 과정에서 얻는 경험과 배움에 가치를 두어야 합니다. 실패를 두려워하지 않고, 오히려 실패를 통해 배우고 성장하는 기회로 삼는 태도가 필요합니다.

분산된 주의력을 집중시키기 위해서는 디지털 기기의 사용을 제한하고, 작업 환경을 정돈하여 방해 요소를 최소화하는 것이 중요합니다. 집중력을 향상하기 위해 명상이나 짧은 호흡 운동과 같은 기법을 활용할 수 있습니다. 또한, 일정 시간 동안은 오직 한 가지 작업에만 집중하는 '타임 블로킹' 방법을 시도해 볼 수 있습니다.

마지막으로, 내부적 스트레스와 감정을 극복하기 위해서는 정기적인 운동, 충분한 수면, 그리고 이완 기법을 통한 스트레스 관리가 필요합니다. 자신의 감정을 글로 쓰거나 믿을 수 있는 사람과의 대화를 통해 감정을 표현하는 것도 중요합니다.

이러한 해결책들은 개인의 상황과 필요에 따라 조정되어야 합니다. 몰입을 방해하는 내면적 장애물을 극복하는 과정은 자기 자신을 더 깊이 이해하고, 자신만의 몰입 방식을 발견하는 여정이 될 것입니다. 이 과정을 통해 개인은 몰입의 상태를 더 쉽게 달성하고, 그로 인한 만족과 성취감을 경험할 수 있게 됩니다.

PART 3

몰입 어떻게 이룰 수 있을까

몰입의 비결은
극도의 집중, 명확한 목표,
즉각적인 피드백,
그리고 균형 잡힌 도전과
기술 사이의 균형을 찾는 것이다.

05 완벽한 몰입을 위한 환경 조성 - 성공 사례를 통한 팁 제공

몰입은 깊은 집중 상태에서 일이나 학습을 효과적으로 수행할 수 있게 해주는 중요한 요소입니다. 몰입을 최적화하기 위한 환경 조성에 대해 몇 가지 핵심적인 팁을 성공 사례와 함께 알아보겠습니다.

1. 집중력을 높이는 조용한 환경 만들기

글을 쓰는 작가들은 조용한 아침 시간이나 늦은 밤을 이용해 작업하는 경우가 많습니다. 이는 주변의 소음과 방해가 최소화된 시간대를 활용해 몰입 상태에 빠르게 도달할 수 있기 때문입니다.

2. 필요한 도구와 자료 사전 준비

프로그래머들은 코딩에 들어가기 전에 필요한 소프트웨어, 참고 문서를 미리 열어두고, 작업할 코드의 구조를 머릿속에 그려둡니다. 이런 사전 준비는 작업에 들어가자마자 바로 몰입할 수 있게 도와줍니다.

3. 디지털 기기의 알림 끄기

많은 기업이 집중력 향상을 위해 '무 미디어 시간'을 도입하고 있습니다. 이 시간 동안에는 직원들이 이메일이나 메신저의 알림을 끄고 오직 작업에만 집중할 수 있도록 합니다.

4. 짧은 목표 설정과 성취감

어떤 프로젝트를 진행할 때, 큰 목표를 작은 단위로 나누어 설정하고, 각각을 달성할 때마다 작은 보상을 주는 방법이 있습니다. 이는 목표 달성의 동기를 부여하고, 집중력을 유지하게 합니다.

5. 정기적인 휴식

'폼포도로 기법'은 25분 동안 집중한 후 5분간의 휴식을 갖는 시간 관리법입니다. 이런 짧은 휴식은 뇌의 피로를 줄이고 다시 일에 몰입할 수 있는 에너지를 충전합니다.

위의 팁들을 일상이나 업무에 적용해 보시면 몰입을 위한 환경을 조성하는 데 큰 도움이 될 것입니다.

몰입을 위한 환경 조성 방법

작업 공간을 최적화하는 것은 단순히 물리적 환경을 조정하는 것 이상의 의미를 가집니다. 이는 개인의 집중력을 극대화하고, 창의력을 자극하며, 전반적인 생산성을 향상하는 중요한 과정입니다. 쉽게 이해하고 적용할 수 있는 구체적인 작업 공간 최적화 방법에 관해 이야기해 보겠습니다.

1. 정리 정돈된 공간 유지

작업 공간을 깔끔하게 유지하는 것은 중요한 첫 단계입니다. 불필요한 물건들은 제거하고, 필요한 물품만을 가까이에 배치함으로써 불필요한 방해를 줄일 수 있습니다. 이는 마음의 질서를 반영하고, 작업에 필요한 물품을 쉽게 찾을 수 있게 합니다.

2. 적절한 조명 선택

조명은 작업 공간의 분위기와 집중력에 큰 영향을 미칩니다. 자연광은 최상의 옵션이지만, 그것이 어려운 경우에는 눈에 부담이 적은 조명을 선택해야 합니다. 적절한 조명은 눈의 피로를 감소시키고, 장시간 작업하는 동안에도 편안함을 제공합니다.

3. 소음 관리

과도한 소음은 집중력을 크게 저하할 수 있습니다. 하지만 적당한 화이트 노이즈는 산만함을 줄이고 집중을 도울 수 있습니다.

소음을 효과적으로 차단할 수 있는 이어폰을 사용하거나, 집중에 도움이 되는 배경 음악을 재생해 보세요.

4. 편안한 가구 선택

장시간 앉아서 작업을 해야 한다면, 몸에 부담이 가지 않는 인체공학적인 가구를 선택하는 것이 필수입니다. 편안하고 지지력 있는 의자와 적절한 높이의 책상은 척추 건강을 지키고, 더 오랜 시간 동안 집중할 수 있게 도와줍니다.

5. 개인화된 요소 추가

작업 공간에 개인적인 취향을 반영하는 소품을 추가하는 것도 중요합니다. 예를 들어, 작은 식물이나 가족사진 등을 배치함으로써 공간에 생기를 불어넣고, 작업에 대한 동기 부여를 강화할 수 있습니다.

이와 같은 작업 공간 최적화 방법은 몰입을 위한 환경을 조성하고, 일의 효율성과 만족도를 높이는 데 도움이 됩니다.

몰입을 증진시키는 생활 패턴

몰입은 단순히 작업 공간의 최적화를 넘어서는 개념입니다. 일상생활의 습관들이 몰입 상태에 도달하고 유지하는 데 중요한 역할을 합니다. 이러한 습관들은 몸과 마음의 준비 상태를 높여주며, 집중력을 향상하고 창의력을 자극합니다. 여기 몰입을 증진하는 생활 방식에 대해 자세히 설명하겠습니다.

1. 정해진 시간에 일어나기

매일 같은 시간에 일어나는 습관은 몸의 생리적 시계를 조절하고, 하루를 시작하는 데 필요한 에너지를 제공합니다. 이는 일과 중에 더욱 집중할 수 있는 기반을 마련해 줍니다.

2. 아침 시간 활용하기

아침 시간을 효과적으로 활용하는 것은 하루를 긍정적으로 시작하는 데 도움이 됩니다. 짧은 명상, 가벼운 운동, 혹은 조용한 독서 등의 활동은 마음을 진정시키고 하루 동안 필요한 정신적 집중력을 높여줍니다.

3. 정기적인 운동 습관

정기적인 운동은 몸과 마음의 건강을 유지하는 데 필수적입니다. 운동은 스트레스를 감소시키고, 기분을 좋게 하며, 장기적으로는 집중력과 기억력을 향상합니다.

4. 건강한 식습관 유지하기

건강한 식습관은 몸에 필요한 에너지를 제공하고, 뇌 기능을 지원합니다. 특히, 오메가-3 지방산이 풍부한 음식은 뇌 건강에 좋으며, 충분한 수분 섭취 역시 중요합니다.

5. 디지털 기기 사용 제한

스마트폰, 컴퓨터, 태블릿 등의 디지털 기기 사용을 제한하는 것은 산만함을 줄이고, 몰입에 도움이 됩니다. 특히, 작업 시간과 개인 시간을 분리하고, 잠자리에 들기 전에는 디지털 기기를 멀리하는 것이 좋습니다.

6. 정리된 환경 유지하기

깨끗하고 정돈된 생활 공간은 마음의 평화를 유지하고, 작업에 몰입하기 좋은 환경을 조성합니다. 생활 공간의 정리는 작업 공간의 정리만큼 중요합니다.

7. 목표 설정과 작업 계획

달성할 수 있는 목표를 설정하고, 이를 위한 구체적인 작업 계획을 수립하는 것은 몰입의 방향성을 제공합니다. 이 과정에서 작은 성공을 경험하며 동기를 유지할 수 있습니다.

이러한 일상 습관의 변화는 몰입을 증진하고, 더 효과적이고 창의적인 작업을 가능하게 합니다. 개인의 목표와 환경에 맞게 습관들을 조정하고 적용하는 것이 중요합니다.

06 몰입의 실천 방법 - 다양한 분야에서의 적용 사례

몰입은 일상에서 작은 습관의 변화로 큰 효과를 볼 수 있는 실천 방법입니다. 매일 같은 시간에 일어나고, 아침 시간을 효율적으로 활용해 하루를 긍정적으로 시작하세요. 규칙적인 운동과 건강한 식습관은 몸과 마음을 건강하게 유지하는 데 필수적입니다. 디지털 기기의 사용을 줄이고, 주변 환경을 깨끗하게 유지함으로써 집중력을 높이고 몰입 상태에 쉽게 도달할 수 있습니다. 이러한 일상의 변화는 다양한 분야에서 개인의 생산성과 창의력을 극대화하는 데 도움이 됩니다.

집중력 향상을 위한 방법

명상과 요가는 마음과 몸을 연결하는 고대의 실천법으로, 현대 생활에서 집중력과 몰입을 향상하는 데 매우 효과적인 방법입니다. 이 두 활동은 스트레스를 줄이고, 정신적, 육체적 건강을 향상하며, 궁극적으로는 더 깊은 몰입 상태에 도달할 수 있도록 돕습니다. 몰입의 관점에서 명상과 요가를 자세히 알아보겠습니다.

1. 정신적 집중력 향상

명상은 호흡 또는 특정한 생각에 집중하여 마음을 안정시키는 과정입니다. 이를 통해 우리는 일상의 방해 요소들로부터 멀어지고, 내면의 평온함을 발견할 수 있습니다. 이러한 과정은 현재 순간에 보다 집중할 수 있게 하며, 일상의 다양한 활동에서 집중력을 강화합니다. 명상을 통해 얻은 집중과 평온함은 작업이나 학습 등 일상 속 여러 분야에서 몰입을 촉진합니다. 명상은 우리가 현재 순간에 더 깊이 몰입하고, 산만함을 넘어서 내면의 평화를 찾는 데 중요한 역할을 합니다. 이는 모든 작업에 있어 집중력을 높이는 효과적인 방법이 됩니다.

2. 육체적 건강과 균형

요가는 다양한 신체 자세(아사나)와 호흡 기술을 활용하여 신체적으로 유연성과 근력을 키우는 방법입니다. 이러한 실천을 통해, 몸의 균형과 조화가 향상되며, 이는 건강한 생활에 필수적입니다. 장기적으로, 요가는 일상적인 활동이나 업무 수행 시 필요한 체력과 지구력을 증가시키는 데 큰 도움이 됩니다. 요가를 통한 이러한 신체적 개선은 더 나은 신체 기능을 가능하게 하며, 일상생활에서의 효율성을 높입니다. 결론적으로, 요가는 몸과 마음의 건강을 위한 효과적인 방법으로, 우리가 더 활기차고 생산적인 삶을 영위할 수 있도록 돕습니다.

3. 스트레스 감소

명상과 요가는 스트레스를 감소시키는 데 매우 효과적인 방법입니다. 이 두 활동을 통해, 우리는 마음과 몸의 긴장을 풀고, 스트레스 수준을 낮출 수 있습니다. 스트레스가 줄어들면, 우리의 정신적, 육체적 건강이 크게 향상됩니다. 이러한 건강한 상태는 집중력을 개선하는 데 도움을 주며, 따라서 몰입 상태에 더 쉽게 도달할 수 있게 합니다. 즉, 명상과 요가는 스트레스 관리를 넘어서서, 우리가 일상과 업무에서 더 높은 성과를 낼 수 있도록 지원합니다. 이 방법들은 몰입을 촉진하고, 더 생산적이고 만족스러운 삶을 가능하게 합니다.

4. 자기 인식 증진

명상과 요가를 정기적으로 실천함으로써 우리는 자신에 대한 깊은 이해와 인식을 얻게 됩니다. 이 과정에서 자신의 감정과 생각을 명확하게 파악할 수 있게 되며, 이는 자기 자신을 더 잘 이해하는 데 도움이 됩니다. 이러한 자기 인식은 우리가 일상과 업무에서 겪는 다양한 내적 장애물을 인식하는 데 중요합니다. 명상과 요가를 통해 얻은 이해력은 이러한 장애물을 극복하고, 몰입하는 데 방해가 되는 요소들을 제거하는 데 이바지합니다. 따라서, 이 두 실천은 단순히 신체적, 정신적 건강을 증진하는 것을 넘어서,

깊은 몰입 상태에 이르기 위한 중요한 기반을 마련해 줍니다. 이것은 우리가 더 효율적이고 만족스러운 방식으로 목표를 달성할 수 있게 돕습니다.

5. 일상생활에서의 몰입 증진

명상과 요가는 우리의 일상에 깊은 몰입을 가능하게 하는 중요한 역할을 합니다. 이 두 활동으로 향상되는 집중력과 육체적 건강, 그리고 스트레스 관리 능력은 업무, 학습, 창의적인 활동 등 다양한 분야에서 성과를 높이는 데 이바지합니다. 명상과 요가를 통해 얻은 정신적, 육체적 균형은 우리가 어떤 작업에도 더 잘 몰입할 수 있게 돕습니다. 이런 실천을 통해, 우리는 일상생활 속에서 발생하는 스트레스와 도전을 더 잘 관리하고 극복할 수 있게 됩니다. 결국, 이는 다양한 영역에서 더 깊은 몰입 경험으로 이어집니다. 명상과 요가는 단순한 신체 운동을 넘어서, 우리의 생산성과 창의력을 촉진하는 강력한 도구가 됩니다.

명상과 요가는 단순히 휴식을 취하는 시간을 넘어서, 집중력과 몰입을 향상시키는 데 있어 중요한 실천 방법입니다. 정기적인 실천을 통해, 일상생활 속에서 더 깊은 몰입의 순간을 경험할 수 있을 것입니다.

시간 관리를 통한 몰입 실천

타임 블로킹은 시간 관리 기법의 하나로, 작업의 효율성을 극대화하기 위한 몰입을 위한 매우 효과적인 실천 방법입니다. 이 전략은 하루 동안 완수해야 할 다양한 작업을 정해진 시간대에 할당함으로써, 그 시간 동안은 오로지 한 가지 작업에만 전념하도록 설계되어 있습니다. 이 방식을 통해, 여러 작업을 동시에 처리하려 할 때 종종 발생하는 집중력의 분산을 예방하고, 단일 작업에 대한 깊은 몰입을 가능하게 하는 이상적인 환경을 조성할 수 있습니다.

이를 구체적으로 실행하는 방법으로는, 오전 9시부터 11시까지 보고서 작성, 오후 1시부터 2시까지 이메일 답변 처리, 그리고 오후 2시부터 5시까지는 프로젝트 기획 회의 준비와 같이 각각의 작업을 특정 시간대에 배치하는 것입니다. 이런 방식으로 일정을 구성하면, 각 시간대에 배정된 작업에만 집중할 수 있으며, 다른 일로 인한 걱정이나 방해를 받지 않고 효율적으로 작업에 몰입할 수 있습니다.

타임 블로킹을 효과적으로 실천하기 위해서는, 먼저 하루 동안 처리해야 할 작업의 목록을 만들고, 각 작업을 수행하는 데 필요한 대략적인 시간을 추정해야 합니다. 그 후, 이러한 작업을 하루 일정에 맞추어 시간대별로 적절하게 배치합니다. 중요한 점은 각 작업에 충분한 시간을 배정하는 것이지만, 하루 일정에 너무 많은 작업을 포함해 자신을 과도하게 압박하지 않는 것입니다.

타임 블로킹 기법을 활용함으로써, 당신은 제한된 시간 안에서 작업의 우선순위를 정하고, 중요한 작업에 집중하여 더 깊은 몰입 상태를 경험할 수 있게 됩니다. 이러한 접근 방식은 일상생활뿐만 아니라 직장에서의 생산성과 효율성을 크게 향상하는 데 이바지하며, 궁극적으로 몰입을 통해 더 높은 성과를 끌어내는 데 도움을 줍니다. 따라서, 타임 블로킹은 단순한 시간 관리 기법을 넘어서, 개인의 업무 성과와 삶의 질을 향상하는 강력한 도구로 활용될 수 있습니다.

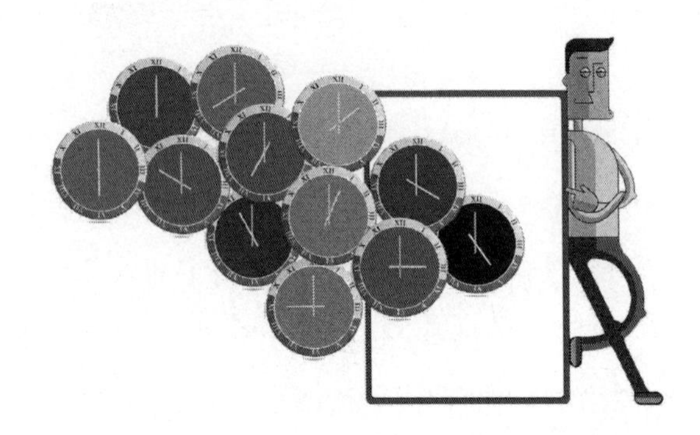

PART 4

몰입의 변화 내 삶을 바꾸다

몰입은 당신의 삶을 변화시킬 수 있는
가장 강력한 도구 중 하나다.
몰입한 순간은 당신이
진정으로 살아 있음을 느끼게 해준다.

07 몰입이 가져온 변화 - 실제 사례를 통한 변화의 증명

몰입을 실천한 사람들은 많은 변화를 경험합니다. 예를 들어, 한 작가는 몰입을 통해 책을 빠르고 효율적으로 완성했으며, 이에 따라 작품의 질이 크게 향상되었다고 합니다. 또 다른 사례에서는, 프로그래머가 몰입 기법을 적용하여 중요한 프로젝트를 기한 내에 성공적으로 마무리 지었고, 이는 그의 경력에 긍정적인 영향을 미쳤습니다. 학생들도 몰입을 통해 학습 효율을 높이고, 시험 성적을 개선하는 등의 변화를 경험했습니다. 이처럼, 몰입은 작업의 질과 성과를 높이며, 개인의 성장과 발전에 크게 이바지합니다. 몰입은 단순한 기법이 아니라, 삶의 질을 개선하는 강력한 도구가 될 수 있습니다.

몰입을 통한 스킬과 지식의 향상

몰입은 우리가 어떤 활동에 완전히 집중하고, 그 순간에만 몰두하는 상태를 말합니다. 이 상태에서는 주변의 방해 요소들이 사라지고, 오로지 작업에만 집중할 수 있게 됩니다. 몰입을 통한 학습이나 작업은 단순히 시간을 보내는 것 이상의 효과를 가져옵니다. 그것은 스킬과 지식의 향상으로 이어지며, 개인적인 성장을 촉진합니다.

예를 들어, 어떤 기술을 배우려고 할 때 몰입 상태에서 학습하면, 단순히 정보를 읽거나 듣는 것보다 훨씬 더 깊이 이해하고 기억하게 됩니다. 이는 학습하는 내용이 뇌 속에서 더 잘 연결되고, 나중에 그 지식을 쉽게 회상하고 적용할 수 있게 해줍니다. 또한, 몰입은 문제 해결 능력을 향상하는 데에도 매우 중요합니다. 어떤 문제에 대해 깊이 생각하고, 다양한 해결책을 고민할 때, 몰입 상태는 더 창의적이고 효과적인 해결 방안을 찾아내는 데 도움을 줍니다.

몰입은 또한 지속적인 실습과 연습을 통해 기술을 완성해 나가는 데 필수적입니다. 예술가, 음악가, 운동선수 등이 뛰어난 성과를 내는 이유는, 그들이 몰입을 통해 끊임없이 자기 기술을 연마하고, 세부적인 부분까지 세심하게 다듬기 때문입니다. 이 과정에서 개인은 자신의 한계를 넘어서는 경험을 하며, 이는 자신감과 자아실현으로 이어집니다.

몰입은 단순히 스킬이나 지식의 향상뿐만 아니라, 개인의 성장, 창의력, 문제 해결 능력 등을 촉진하는 데 중요한 역할을 합니다. 몰입을 통해 우리는 자신의 가능성을 최대한 발휘하고, 더 높은 성취를 이룰 수 있습니다. 따라서 몰입은 단순한 기법을 넘어서, 개인의 성장과 발전을 위한 핵심 요소로 볼 수 있습니다.

몰입의 스킬과 전략

몰입 상태를 달성하고 유지하기 위한 스킬과 전략은 여러 가지가 있습니다. 이들은 개인의 생산성과 창의력을 극대화하며, 학습이나 작업 과정에서 더 높은 성취감을 느낄 수 있게 도와줍니다. 다음은 몰입의 스킬과 전략에 대한 알아보겠습니다.

1. 명확한 목표 설정

구체적이고 도전적인 목표를 세우되, 달성할 수 있어야 합니다. 명확한 목표는 집중을 유도하고 동기를 부여합니다.

2. 일과 휴식의 균형

효과적인 작업 시간과 적절한 휴식 시간을 균형 있게 배분합니다. 이는 지속 가능한 몰입 상태를 유지하는 데 필수적입니다.

3. 작업 환경 조성

집중에 방해가 되는 요소를 최소화하는 조용하고 정돈된 작업 공간을 만듭니다. 적절한 조명과 편안한 좌석도 중요합니다.

4. 단일 작업에 집중

다중 작업을 피하고 한 번에 하나의 작업에만 집중합니다. 이는 작업의 질을 높이고 몰입 상태로 들어가는 데 도움을 줍니다.

5. 시간 관리 기법 활용

타임 블록Time Blocking, 포모도로 기법Pomodoro Technique 등 시간 관리 기법을 활용하여 작업 시간과 휴식 시간을 효율적으로 구분합니다.

6. 자기반성의 시간 가지기

정기적으로 자신의 작업 과정과 결과를 반성하고, 어떻게 하면 더 효율적으로 몰입할 수 있을지 고민합니다.

7. 몰입 유도 활동 찾기

개인에게 맞는 몰입 유도 활동(예 : 명상, 산책, 운동 등)을 찾아 정기적으로 실시합니다. 이는 정신적, 신체적 상태를 최적화하는 데 도움을 줍니다.

8. 건강한 생활 습관 유지

충분한 수면, 균형 잡힌 식사, 규칙적인 운동은 몰입을 위한 신체적, 정신적 기반을 마련합니다.

9. 집중력 향상 기법

호흡 기법, 명상 등을 통해 마음을 진정시키고, 집중력을 향상하는 연습을 합니다.

10. 유연성 유지

계획에 너무 엄격하게 집착하지 않고, 상황에 따라 유연하게 대처할 줄 알아야 합니다. 때로는 계획을 조정하거나 변경해야 할 필요가 있습니다.

이러한 스킬과 전략은 개인별로 다르게 적용될 수 있으며, 일상생활에 통합하고 지속해서 실천해 나가는 것이 중요합니다.

몰입적 소통으로 깊어지는 인간관계

몰입적 소통은 인간관계를 깊이 있고 의미 있는 수준으로 발전시키는 강력한 도구입니다. 일상에서 우리는 종종 대화를 하면서도 정작 마음은 다른 곳에 두는 경우가 많습니다. 몰입적 소통은 이러한 상황을 변화시키기 위해, 대화에 완전히 집중하고 상대방과 깊은 연결을 형성하는 방법을 제시합니다. 몰입의 관점에서 이를 자세히 알아보겠습니다.

1. 집중력의 중요성

몰입적 소통의 첫걸음은 대화에 완벽히 집중하는 것입니다. 이는 대화 도중 스마트폰 사용이나 다른 생각으로 산만해지는 것을 피하는 것을 포함합니다. 상대방에게 깊은 관심을 기울임으로써, 그들의 감정과 생각을 더욱 정확하게 파악할 수 있습니다. 이러한 집중력은 상대방과의 깊은 이해를 바탕으로 관계의 질을 높여줍니다. 결국, 대화 중에 상대방에게 완전히 주의를 기울이는 것이 관계 개선의 핵심입니다.

2. 경청의 힘

몰입적 소통의 핵심 중 하나는 경청입니다. 상대방이 말할 때, 그들의 이야기를 끊거나 자신의 견해를 강요하지 않고, 진심으로 그들의 말에 귀를 기울이는 것이 중요합니다. 이때, 상대방의 언어적 내용뿐만 아니라 표정이나 몸짓 같은 비언어적 신호에도 주의를 기울여야 합니다. 이러한 경청은 상대방에 대한 존중과 이해를 표현하는 방법으로, 더 깊은 관계 형성에 필수적입니다. 결론적으로, 경청은 상대방과의 소통을 강화하고 관계를 더욱 깊게 만드는 데 중요한 역할을 합니다.

3. 공감 능력 강화

몰입적 소통을 통해 상대방과 더 깊이 공감할 수 있는 능력을 키울 수 있습니다. 이 과정에서 중요한 것은 상대방의 말에 진심으로 귀 기울이고, 그들의 입장에서 세상을 바라보려는 노력입니다. 이러한 접근을 통해, 상대방의 감정과 관점을 더 깊이 이해하고 공감하게 됩니다. 공감은 신뢰와 친밀감을 구축하는 데 필수적인 요소로 작용합니다. 결국, 몰입적 소통은 인간 관계를 강화하고 더욱 의미 있는 연결을 만드는 데 중요한 역할을 합니다.

4. 진실성 있는 소통

몰입적 소통의 핵심은 진정성에 있습니다. 이는 자신의 생각과 감정을 솔직하게 나누고, 상대방의 말에도 진심으로 대응하는 것을 포함합니다. 이런 소통 방식은 상호 이해를 높이고, 관계를 더 깊게 만드는 데 기여합니다. 진실된 소통은 양측간의 신뢰를 구축하고, 서로에 대한 깊은 이해를 가능하게 합니다. 결국, 진정성은 관계를 강화하고 의미를 깊게 하는 중요한 요소입니다.

5. 지속적인 실천

몰입적 소통은 단기간에 달성되는 것이 아니라, 지속적인 노력과 연습을 통해 발전시켜 나가는 과정입니다. 일상 속에서 소통 기술을 꾸준히 연습하며, 대화 시 몰입적 소통의 원칙을 적용하는 것이 중요합니다. 이를 통해 점점 더 깊이 있는 관계를 만들어 갈 수 있습니다. 몰입적 소통의 기술을 실생활에 적용하면서, 의미 있는 인간 관계를 발전시켜 나가는 것이 핵심입니다. 결국, 지속적인 노력과 연습을 통해 몰입적 소통의 이점을 최대화할 수 있습니다.

몰입적 소통은 모든 관계에서 소통의 질을 한 단계 끌어올리는 데 중요한 역할을 합니다. 진정으로 상대방과 연결되고자 하는 의지가 몰입적 소통의 기초가 되며, 이를 통해 서로에 대한 이해와 신뢰를 깊게 할 수 있습니다.

08 몰입을 통해 얻는 이익 - 개인적, 사회적 이익의 사례

몰입은 우리가 하는 일에 깊이 집중함으로써 얻을 수 있는 상태입니다. 이 상태에서 우리는 개인적으로도, 사회적으로도 여러 이점을 얻을 수 있습니다. 개인적으로는 업무나 공부에서 높은 성과를 달성할 수 있으며, 스트레스를 줄이고 행복감을 느낄 수 있습니다. 사회적으로는 팀워크가 강화되고, 협업을 통한 성공을 이루어낼 수 있습니다. 몰입은 우리의 성과와 만족도를 높이며, 함께 일하는 사람들과의 관계를 개선하는 효과적인 방법입니다. 따라서 몰입을 통해 우리는 더 나은 개인과 더 강한 사회를 만들어갈 수 있습니다.

몰입을 통한 업무 효율성 상승

몰입이란 우리가 어떤 활동에 완전히 빠져들어 그것 외의 모든 것을 잊고, 시간의 흐름조차 인식하지 못하는 상태를 말합니다. 이는 '플로우 상태Flow State'라고도 불리며, 심리학자 미하이 칙센트미하이에 의해 널리 알려진 개념입니다. 몰입 상태에서는 높은 수준의 집중력이 발휘되며, 이에 따라 업무나 학습의 효율성이 많이 증가합니다. 그렇다면 몰입을 통해 업무 효율성이 어떻게 상승하는지, 그리고 이를 통해 얻을 수 있는 이점에 대해 자세히 알아보겠습니다.

몰입을 통한 업무 효율성 상승 원리

1. 집중력의 극대화

몰입 상태에서는 외부 자극이나 잡념에 의해 쉽게 방해받지 않는 깊은 집중력을 경험합니다. 이를 통해 주어진 작업에 더 많은 정보를 처리하고, 더 빠르게 문제를 해결할 수 있습니다.

2. 시간 관리의 효율성

몰입 상태에서는 '시간이 어떻게 흘러가는지 모르고 지낸다'라는 표현처럼, 작업에 효율적으로 몰두함으로써 실제로 더 많은 일을 더 짧은 시간 내에 완성할 수 있습니다.

3. 창의력 증진

몰입은 창의적 사고를 촉진합니다. 문제를 해결하는 새로운 방법이나 아이디어가 자연스럽게 떠오르며, 이는 혁신적인 결과물로 이어질 수 있습니다.

4. 피로도 감소와 업무 만족도 상승

집중하며 일하는 과정에서 느끼는 성취감과 만족감은 스트레스를 감소시키고, 장기적으로는 업무에 대한 열정을 유지하는 데 도움을 줍니다.

몰입을 유도하는 방법

1. 작업 환경 개선

소음이 적고, 방해받지 않는 깨끗하고 정돈된 작업 공간을 마련하는 것이 중요합니다.

2. 단일 작업에 집중

멀티태스킹은 집중력을 분산시키므로, 한 번에 하나의 작업에 집중하는 것이 몰입을 유도하는 데 도움이 됩니다.

3. 작업에 대한 동기 부여 찾기

자신이 하는 일에 대한 의미와 가치를 찾고, 그것을 달성하기 위해 노력하는 것이 중요합니다.

집중력 향상 방법

집중력을 향상하는 것은 일상생활과 업무 또는 학습에서 더 나은 성과를 내는 데 꼭 필요한 요소입니다. 집중력이 좋아지면 작업 효율성이 상승하고, 몰입 상태에 쉽게 도달할 수 있습니다. 여기 몇 가지 집중력 향상 방법을 소개합니다.

1. 명확한 목표 설정

목표가 명확할수록 무엇에 집중해야 할지 알기 쉽고, 작업에 대한 동기 부여가 증가합니다. 단기 목표와 장기 목표를 설정하고, 이를 달성하기 위한 구체적인 계획을 세워보세요.

2. 우선순위 정하기

모든 작업이 동등한 중요도를 가지고 있지 않습니다. 가장 중요하고 시급한 작업을 식별하고, 그것에 먼저 집중하는 것이 중요합니다.

3. 작업 환경 최적화

집중하기 좋은 환경을 만드세요. 잡음이 적고, 쾌적하며, 방해받지 않는 공간에서 작업하는 것이 도움이 됩니다. 필요하다면 소음 차단 이어폰을 사용하는 것도 좋은 방법입니다.

4. 정해진 시간 동안 집중하기 (타임 박스 기법)

특정 작업에만 집중할 수 있는 시간을 정하고, 그 시간 동안은 다른 일에 신경 쓰지 않도록 합니다. 예를 들어, 25분 동안 작업한 후 5분 휴식하는 '폼포도로 기법'이 있습니다.

5. 휴식의 중요성 인식

장시간 연속으로 작업하는 것보다 적절한 휴식을 취하는 것이 더 효율적입니다. 휴식 시간에는 가벼운 스트레칭이나 짧은 산책을 해보세요.

6. 디지털 기기 사용 제한

스마트폰, 태블릿, 컴퓨터 등의 디지털 기기는 집중력을 크게 저하할 수 있습니다. 작업 중에는 소셜 미디어나 이메일 확인을 최소화하고, 필요하다면 앱 사용을 제한하는 도구를 활용하세요.

7. 건강한 생활 습관

충분한 수면, 균형 잡힌 식단, 규칙적인 운동은 두뇌의 기능을 향상하고 집중력을 높이는 데 도움이 됩니다.

8. 명상 및 호흡 기법

명상과 깊은 호흡은 마음을 진정시키고 집중력을 높이는 데 효과적입니다. 하루에 몇 분이라도 명상을 실천해 보세요.

집중력은 하루아침에 향상되지 않습니다. 이러한 방법들을 일상에 점진적으로 적용하며, 자신에게 맞는 최적의 방법을 찾아가는 것이 중요합니다.

몰입과 정서적 건강의 상관관계

몰입과 정서적 건강 사이의 상관관계를 이해하려면 먼저 몰입이 무엇인지, 그리고 어떻게 우리의 정서적 안정에 긍정적인 영향을 미칠 수 있는지 알아야 합니다.

몰입은 여러 가지 방법으로 정서적 건강에 긍정적인 영향을 미칩니다.

1. 스트레스 감소

몰입 상태는 개인이 현재 순간에 깊이 집중하게 만듭니다. 이때, 일상의 스트레스와 걱정을 잊게 되죠. 결과적으로, 이러한 집중은 마음을 편안하게 하고, 스트레스를 줄여줍니다. 따라서 몰입은 단기적으로뿐만 아니라, 장기적으로도 스트레스 수준을 낮추는 데 큰 도움이 됩니다. 이 과정은 정서적 건강을 향상하는 중요한 열쇠가 됩니다.

2. 성취감과 자신감 증진

몰입을 경험하면, 작업이나 목표 달성에 성공할 가능성이 높아집니다. 이 성공은 개인에게 큰 성취감을 선사합니다. 성취감은 다시 자신감을 높이는 원동력이 되죠. 이렇게 증가한 자신감은 자기 효능감을 강화합니다. 결국, 몰입은 성취로 이어지며, 이는 자신감과 자기 효능감을 키우는 긍정적인 사이클을 만듭니다.

3. 행복감 증가

몰입을 경험하는 활동은 대체로 즐거움을 가져다줍니다. 이 즐거움은 우리에게 만족감을 제공하며, 이는 행복감을 더합니다. 행복감이 증가하면, 자연스럽게 정서적 건강도 좋아집니다. 따라서 몰입 활동은 우리의 정서적 안녕에 긍정적인 영향을 끼치는 중요한 역할을 합니다. 이 과정을 통해 개인의 삶의 질이 향상될 수 있습니다.

4. 정서적 안정성 증진

몰입을 통한 긍정적인 감정의 경험은 정서적 안정성을 높여줍니다. 이러한 안정성은 개인을 감정적으로 더욱 강하게 만들어 줍니다. 강화된 감정적 강인함은 일상의 도전과 스트레스에 대한 대처 능력을 향상합니다. 결과적으로, 몰입은 우리가 어려움을 더 잘 극복할 수 있도록 돕습니다. 이 과정은 개인의 전반적인 삶의 질을 향상하는 중요한 요소가 됩니다.

몰입을 촉진하는 활동

몰입 상태를 경험하려면, 개인의 관심사와 능력에 맞는 활동을 찾는 것이 중요합니다. 이는 예술 활동(그림 그리기, 음악 연주 등), 스포츠, 취미 활동(요리, 정원 가꾸기 등), 또는 직장에서의 프로젝트 작업 등 다양할 수 있습니다. 중요한 것은 활동이 개인에게 도전적이면서도 기술 수준에 맞아야 한다는 것입니다. 이러한 활동을 통해 몰입을 경험하며, 정서적 건강을 증진할 수 있습니다. 또한, 몰입을 촉진하기 위해서는 주변 환경을 최적화하는 것도 중요합니다. 즉, 방해받지 않는 조용한 공간을 마련하고, 필요한 도구나 자료를 미리 준비하는 것입니다. 이렇게 함으로써 활동에 더욱 깊이 몰입할 수 있으며, 이 과정에서 경험하는 긍정적인 감정은 정서적 건강에 크게 이바지합니다.

몰입은 단순히 특정 활동을 즐기는 것을 넘어서, 우리의 정서적 건강에 중요한 역할을 합니다. 이를 통해 우리는 스트레스를 줄이고, 성취감을 느끼며, 일상생활에서의 행복감을 증가시킬 수 있습니다. 그러므로 자신에게 맞는 활동을 찾아 꾸준히 몰입의 시간을 갖는 것은 우리 삶의 질을 향상하는 중요한 방법의 하나입니다. 이처럼 몰입은 단순한 취미 생활을 넘어서, 우리의 정서적 안정과 직결되는 중요한 요소임을 알 수 있습니다.

지은이 김민식

철학, 심리학, 인문학에 대한 깊은 관심을 가진 저자는 인간 마음의 복잡성을 탐구하는 연구를 지속해왔습니다. 글쓰기와 여행을 즐기며, 역사가 깊은 도시와 오래된 도서관, 예술과 문화가 숨 쉬는 장소들을 방문해왔습니다. 이러한 경험을 통해 성인들의 지혜와 경험에서 영감을 얻고, 그들이 남긴 흔적이 현재의 우리 삶을 어떻게 풍요롭게 하는지를 탐색해왔습니다. 자신의 글을 통해 과거와 현재를 잇는 다리를 놓고, 독자들에게 영감과 풍부한 소재를 제공하고자 합니다.

삶을 변화시키는 집중의 기술

완벽한 몰입

초판 1쇄 발행 2024년 5월 15일

지은이 김민식
펴낸이 백광석
펴낸곳 다온길

출판등록 2018년 10월 23일 제2018-000064호
전자우편 baik73@gmail.com

ISBN 979-11-6508-566-7 (13320)